София Бенедикт

В ПЛЕНУ ПАРАЛЛЕЛЬНЫХ ВРЕМЕН

Лирика

Bibliografische Information der Deutschen Nationalbibliothek:
Die Deutsche Nationalbibliothek verzeichnet diese Publikation
in der Deutschen Nationalbibliografie; detaillierte bibliografische Daten sind im Internet über www.dnb.de abrufbar.
Das Werk einschließlich aller seiner Teile ist urheberrechtlich geschützt. Jede Verwertung außerhalb der engen Grenzen der Urheberrechtsgesetz ist ohne Zustimmung der Verlages unzulässig und strafbar. Das gilt insbesondere für Vervielfältigungen, Übersetzungen, Mikroverfilmungen und die Einspeicherung und Verarbeitung in elektronischen Systemen.

© 2015 Diana Wiedra
Covergestaltung und Layout: Diana Wiedra
Titelbild: Diana Wiedra
2. Auflage

Herstellung und Verlag:
BoD – Books on Demand, Norderstedt"
ISBN: 9783738608656

Памяти С.В. Федосеевой

СТИХИ ПРОШЛЫХ ЛЕТ

«Поэзия, как мне кажется, – самый личный, самый интимный, самый исповедальный вид искусства, потому что главное в ней – это стихи о любви.
Поэт, который не сочиняет стихов о любви, с моей точки зрения, не поэт…!
(Эльдар Рязанов)

* * *

Во имя полного забвенья -
Мои слова к тебе, Любовь.
Я ухожу без сожаленья,
Без радости я возвращаюсь вновь.
Стоят толпой воспоминанья,
Теснятся у моих дверей.
Дождусь ли нового признанья
Моих скучающих детей?
Нет, не хотят сдавать позиций
Былые страсти и мечты.
Встают открытые гробницы
И страхи прежние мои.
Опустошенная, нагая,
Стою казанской сиротой -
И одинокая, и злая,
Тоскуя по себе самой.

НЕЖНОСТЬ

Побродить с тобою по полям,
Чувствовать тепло твоей руки,
Посидеть тихонько у реки,
На веранде распивать чаи,
Слушать звон часов с кукушкой,
Целовать тебя в макушку,
Половицами скрипеть
И о прошлом не жалеть.

А вокруг покой и нежность
В легком шепоте берез,
Книг разбросанных небрежность,
Лень и нега сладких грез.

РАСПЛАТА

Приходит час расплаты роковой
За тяжкие грехи, свершенные не нами.
Вот кнут занес над тройкой ездовой
И полетели версты под ногами.

В окне кареты призраком мелькнуло
Печальное и тонкое лицо.
С руки случайно соскользнуло
В меха венчальное кольцо.

Бледна, как снег, и молчалива,
Ты зябко опускаешь взгляд
И смотришь пред собой тоскливо,
И знаешь - нет пути назад.

* * *

Приступаю к новому роману...
Белый лист. Отточено перо.
Строчки, как зияющие раны.
Кровоточит прошлое мое.

Черных елей призрачные лапы.
Родника холодная вода.
Вся в кровавых отблесках заката
Умирает черная земля.

И ручей забытый чрез ущелье
в страхе продирается, журча.
Злые великаны, словно ели,
Кучкою столпились у ручья.

ЛУНА
Брожу по дому
в тоске неприкаянной,
тереблю браслеты,
перечитываю стихи,
ищу что-то, и не могу найти...

А ночь стоит такая прозрачная,
исполненная аромата звезд
и жасмина с примесью горькой полыни.
Пытаюсь вспомнить твое лицо...
оно выплывает из ночи,
окутанное туманом,
и исчезает в моей тоске...
И только глаза,
как два солнца в ночи
плывут на меня...
Молчи, молчи, не нарушай тишины
и моего одиночества.
Тереблю браслетов моих серебро,
брожу по саду, срываю цветы,
умирая от ревности и тоски.
Луна протягивает серебряную дорогу
к ногам моим -
ступаю на нее босыми ступнями...
Она, жар охлаждает.
Устремляюсь по ней,
становлюсь спокойной и равнодушной,
как сама луна.
Все равно - куда,
лишь бы идти, скользя,
без ноши, без багажа,
налегке, никуда не спеша.
В ночь...

* * *

Угольки догорают в камине.
Синим пламенем дышит камин.
На портрете черты дорогие,
А за окнами слякоть и стынь.

Одиночество сумрачных комнат
И отчаянье сумрачных дум.
Осыпается белый шиповник,
Увядает роскошество клумб.

***

Ни аромат цветов, ни стрекот
цикад в листве,
ни дуновенье
несущего прохладу ветерка,
ни рокот волн,
не принесут отрады
усталому челу,
преследует меня тоска такая,
что и не выразить
беспомощным словам.

Я бы с молитвой
к Богу обратилась,
да вот не знаю,
о чем просить и что пообещать...

* * *
Любовь - беда.
Слова, как высохший родник.
Потухшие глаза.
У края пропасти стоишь.
Вздыхаешь тихо
и, украдкой
смахнув слезу,
ты возвращаешься обратно -
в беду, в тоску и в тишину.

***
Пустые поля.
Леса, где вымерла жизнь.
Замолкли птицы.
Мышь не скользнет в нору.
Лист не шуршит на ветру.
Ветра нет.
Тишина.
Долгожданная.
Нежданная.
Пустые бутылки из-под вина.
Пустые обертки из-под конфет.
Пустые банки, пустые коробки.
Кошельки пустые.

Сны без снов.
Тела без душ...
Души без тел.

***

Я созрела для Рима.
Это так называется.
Поезд катит меня
по дороге на юг.
Ночь.
Полночные тени за окнами маются.
Поезд мчится вперед,
ненадежен мой путь.

То не поезд бежит,
это я убегаю.
И вопрос - не куда,
а откуда мой бег...

***

Сижу, плачу и пиво пью -
проклинаю долю свою.
Любви хочу,
ох, как любви хочу!
Полюби меня, кто-нибудь!

Надо перестать быть женщиной…
Перестать любви хотеть.

Тогда можно спокойно стареть,
сидеть, пиво пить и не плакать, а петь,
или рассуждать о политике.

А я сижу, пиво пью
и плачу о том, что я женщина.

* * *

Очень горько вспоминать
прошлое.
Как задумаюсь над ним -
тошно мне.
Руки вздену к небесам
синим.
Вся трава пошла
белым инеем.

Вот стою одна -
одинешенька,
износилася моя
вся одеженька.
Износилася душа –
вся до ниточки.
Ах, подайте, добры люди,
сиротинушке!

ОЗЯБШИЕ ЧЕРЕШНИ
Когда я влюблена, а влюблена всегда я,
Так романтично дождь стучит в окно,
От страха иль от счастья замирая
Пред тем, что будет иль прошло давно.

Ты добр ко мне. Твои уста безгрешны,
Душа спокойна, помыслы чисты,
А за окном озябшие черешни
Роняют в лужи белые цветы....

УСТАЛА
Мне любовь моя сказала:
"Я устала, я устала..
Ждать устала и стареть
и с тоской в окно глядеть..."

Зеркала стареют в рамах,
календарь теряет листья,
осыпаются черешни,
ты не едешь, только снишься...

Я во сне с тобой гуляю,
я тебе стихи читаю,
я люблю тебя во сне.
Просыпаюсь - грустно мне.

Пусто, зябко, неуютно.
Зяблик в клетке приумолк.
Засыхает розы куст
и почтовый ящик пуст!

* * *
По тонкой глади льда гоняет ветер
Засохший, облетевший лист.
У кромки льда, подставив ветру плечи,
Одна, озябшая, стоишь.
Что видишь ты в той дымке серой?
Что ищет потемневший взгляд?
Четыре года пролетели -
Куда теперь: вперед, назад?
Четыре года муки и любви.
О Господи! На жизнь благослови!

ОДИНОЧЕСТВО
Потеряв покой и сон,
я в ночи моей скитаюсь.
На коленях у икон
счастье я найти пытаюсь.
Избавленья от оков
я выпрашиваю тихо.
Лик спокоен и суров.
Вьюга завывает лихо.
Одиночество в ночи,
неуемный сонм фантазий.
Мысли грешные мои -
поцелуи, соловьи...
Мне с собой никак не сладить.

* * *

Над озером висит луна -
Прекрасна и холодна.
Как твои слова.
Как твои глаза...

Лунной дорогой иду к тебе.
Сердце трепещет в раскрытой руке.
Прижмусь к груди твоей
посильней.
А не мила - не жалей -
Убей!

ЛЮБОВЬ ЗЛА!
Бродит по полям старик.
Дик, как дуб,
туп и глуп.
Стоит, жует,
Песню поет.
И вдруг как заорет -
старуху зовет.
Выходит старая
с клюкой,
с ногой костяной.
"Милой ты мой!..."
Идут в болота.
У них свои заботы.
Водку пьют,
Песни поют,
ревнуют, бьют,
и снова поют...

Крестьяне крестятся:
"Нечистая бесится..."

БАБОЧКА

На каждом пальце по кольцу,
Ко рту крадется сигарета...
И наплевать на суету -
Разнеженность, жара и лето...

И хищность розовых перстов,
И зыбкость розовых рассветов.
Взлетает удивленно бровь
И бабочка несется к свету.

РИСОВАТЬ ТВОЕ ЛИЦО...
Рисовать твое лицо,
слушать молча голос милый.
На дворе давно темно.
В склянке высохли чернила.

Ты сидишь - задумччив, тих,
Смотришь пристально на пламя.
Ветер за окошком стих.
Я томлюсь от ожиданья.

Подойду к тебе поближе,
Опущусь к твоим ногам.
Пламя жадно уголь лижет.
Счастье с мукой пополам.

ПРИСТАНЬ
Серебром запястий и монист
я украсила себя сегодня ночью.
Гостю позднему открою дверь
в серебре луны полночной.
Пусть войдет он, долгожданный мой,
вечный путник на дороге жизни.
Я - его пристанище и дом,
вечная, взывающая пристань.

СТРАХИ
Страхи с глазами большими и темными
Бродят по дому из комнаты в комнату...
Лестницей шаткой скрипя, на чердак
Страхи взбираются, прячась в тенях.

Жмутся к перилам, прячутся в щели,
Страхи боятся собственной тени.
Ветер испуганно воет в трубе.
Яблоня зябко дрожит на дворе.

ЗАБУДУ!
Коль тебе не нужна -
уйду!
Забуду, отрину.
Другого найду!
В вине утоплю
тоску...
Забуду руки,
краше которых - нет!
Забуду глаз золотистый свет,
медовые, родниковые -
губы Твои,
забуду, как мысли Твои чисты.
Забуду детский, счастливый смех.
И жар любовных утех!
Забуду все.
Соберусь и уйду!

Но где ж я другого такого найду?!

ЯБЛОНИ В ЦВЕТУ
Среди яблонь я цветущих заблудилась,
Утонула в белой пене навсегда.
А из яблонь на меня смотрели
Твои синие, бездонные глаза.

Завлекал меня ты глубже, глубже в сад,
И, бессильна воспротивиться судьбе,
Я, как школьница послушная, пошла,
Утопая в этой праздничной весне.

И не знала я - то ветер или ты -
Сыпал в волосы мне белые цветы
И нашептывал нежнейшие слова.
От любви кружилась голова.

А деревья были с ветром заодно,
То ли ветви, то ли руки распустив,
Рвали с плеч моих одежды полотно.
Я нагая шла по саду. Ты - за мной.

Ты касался белой яблони рукой,
Ревновала я тебя к ее красе.
И желала я со сладостной тоской
Раствориться в этой нежной тишине.

***
Страх пред чистым листом бумаги...
Что таит в себе этот страх?
Что таят в себе снегопады,
Белизной укрывая прах?

КОНСУЭЛО

Брошу все и пойду бродить
по дорогам Испании.
Пристану к цыганскому табору -
он примет меня.
Вздымая дорожную пыль,
побреду свободная
от прошлого и от будущего,
палимая солнцем юга,
Под синим небом испанских ночей...
Лицо мое станет сухим от загара,
походка легка и мысли просты...
И в уме, как четки,
стану перебирать стихи
незабвенного Лорки,
про себя напевая
песни гонимого племени.
Под синим небом испанских ночей...
Встречу, может быть, там
красавицу в серебре монист,
в звоне браслетов,
лицом прекрасную, как звезда
и нравом колючую,
с девочкой по имени Консуэло.
Под синим небом испанских ночей,
усыпанным миллиардами звезд,
поющих в тиши,
будет танцевать девочка,
каблучками выстукивая ритм фламенко,
вторя гитарному перезвону цыганки.
Девочка с глазами нагими и кроткими,
девочка по имени Утешение
будет петь для меня
песни несчастного Лорки.
Под черным небом испанских ночей...

СМЕРТЬ ПАЖА
Написалось как-то само собой
Стихотворение про любовь,
Стихотворение о юном паже,
О погибшей в любви молодой душе.
Роза, корабль, шпага, перо -
Боже, как это было давно!
Умереть или жить, или пить вино -
Это уже все равно.
Что случилось с юным пажом?
Найден он был в сердце с ножом.
А что же любимая? Где она?
Королева - нежная убийцы жена.

МАТИСС(Н)Ы

Мне снились сиреневые узоры Матисса
На полотнах чудовищных полыхали ирисы.
Сиреневые ирисы помешанного Матисса.
Во сне я сходила с ума
и рисовала сама:
белые храмы, золотые маковки
и алые поля маковые,
листья чертополоха синего
и зрачки взгляда совиного,
небо желтое в золотом дожде
и мечты мои - о тебе.
Выросли подсолнухи,
и давай головами качать.
Во сне мне ужасно
хотелось спать...

* * *

Своею щедрою десницей
Мне милости дарует царь.
И милостью его царицей
Держу величественно стать.

Он, улыбнувшись молча, взглядом,
Собой доволен, горделив,
Повелевает вдруг отрядам
Войти стремительно в залив.

ТВОЙ ПУТЬ
Твой светлый взгляд томит меня ночами...
Дуновение ветра доносит ароматы роз
из той счастливой долины, где ты живешь,
Где ты ешь и пьешь,
читаешь книги, мыслишь, любишь жену,
сидишь вечерами в своем саду,
грустишь, наблюдаешь закат,
выращиваешь виноград,
поливаешь землю,
чтобы она приносила плоды,
смотришь вдаль,
на вершину большой горы,
пытаясь разглядеть, что там за ней,
подаешь нищим, ласкаешь детей,
улыбаешься
и делаешь еще тысячи тех незаметных дел,
которых суть -
полный величия и смысла земной путь.

А в это время там, за горой
что-то происходит со мной.

Я ПРИДУ К ТЕБЕ ЖЕНЩИНОЙ
Милый мой, я приду к тебе женщиной.
Не растерянной, робкой, пугливой девчонкой,
а женщиной, которая познала себя
и в себе несет, как ребенка в чреве,
любовь невероятную к тебе.

И ты не сможешь остаться равнодушным,
потому что во мне зреет
этот чудесный плод,
во мне зреет - часть тебя.
Нет, это ты сам пускаешь корни во мне,
как дерево в земле.

Твои ветви высятся надо мной.
Я чувствую, как они зацветают весной,
как на них тяжелеют плоды осенью и,
срываясь от собственной тяжести,
падают вниз, в лоно мое.

Я знаю - ты - Мыслитель,
Пахарь, Творец,
но и тебе надо куда-то упираться ногами.
А я - Земля, я - твой дом,
твой дворец,
который ты сам возвел
своими руками.

* * *

Твой красный шарф обнимает шею Твою.
Ах, как я завидую ему,
твоему шарфу!
Как я хотела бы быть твоим шарфом,
Как я хотела бы обнимать шею твою!
Я бы делала это нежнее, чем он.
Я согревала бы тебя в холодные дни
и молила Бога, чтобы продлились они.
Но если не шарфом твоим,
то твоею левой туфлей
хотела бы я быть...
Или правою...
Или - обеими сразу,
ковриком - хотела бы я быть -
у твоей кровати.
Или твоею кроватью.

Тенью Твоей, судьбой...
Крыльями за спиной!

ОПАСНЫЕ МОТИВЫ
За решетку посадили стих,
песню спрятали в кутузку.
Соловей - тот сам притих,
чтоб не съели на закуску.

* * *

Мне снилась готика нью-йоркских небоскребов
Нью-Йорк у их подножий клокотал...

ПРОФЕССОР ФРЕЙД!
Куда уносит Вас судьбина?
В последний путь, в последний путь...
Гостеприимная чужбина
Грозит объятья распахнуть.

Трясет как утлую лодчонку
На стыках старенький вагон.
А выдержит ли бедный челн тот
Путь на туманный Альбион?

Там, позади, остались Вена -
Берггассе, дом и Венский лес,
Какая страшная измена!
Какой мучительный конец!

Там, позади, друзья и годы,
И страсти гордые ума,
Работа, жизнь, мечты, свобода,
Но чаша выпита до дна.

Осушен тот бокал до капли,
До самой горькой, роковой.
Пора прощаться - жребий жалкий -
С любимой, проклятой страной.

ПО ДОРОГЕ В ЗАЛЬЦБУРГ

"Мы не знали ничего об этом...", -
Женщина рассказывала мне.
Ехали мы зальцбургским экспрессом -
Разговор пришелся о войне...

Фрау Краут вспоминала голод,
Братьев, не вернувшихся домой,
Мужа, похороненного где-то
(Как герой?) под Курскою Дугой.

Вспоминала этих страшных русских,
Виноватых в том, что столько лет,
Вместо кофе и пирожных вкусных
Приходилось есть лишь черствый хлеб.

Но Дахау? Господи помилуй!
Мы не знали ничего о том.
Что? Евреи? Это все открылось
Лишь потом, потом, потом, потом...

ИЕРУСАЛИМ

Иерусалим, свидетель стольких бед!
Свидетель славы и падений.
О, сколько роковых былых побед
К твоим ногам отбрасывают тени!

Мне столько лет, как и тебе,
Я помню Соломоново дыханье
Он был со мной наедине -
Не царь прославленный в деяньях.

Когда дремал он на моем плече
Усталым и обиженным ребенком, -
Дрожал на мраморном челе
Иссиня-черный, непокорный локон.

Мне столько лет, как и тебе,
Меня топтали римлян кони,
Я умирала на кресте,
не вынеся жестокой боли.

Но восставала из руин,
Гонимая в края чужие.
И унося Иерусалим -
В стихии новые и злые.

ВОСПОЮ РАЗЛУКУ

1.
Ты уехал. Одна у порога
Я стою и с тоскою гляжу на дорогу.
Тишина. Колокольчик потух вдалеке.
Тает облачко пыли на дальней меже.

Я стою у порога одна в тишине
И не знаю я, что происходит во мне.
Темнота. Пустота. Ненароком с собой
Прихватил мою душу возлюбленный мой.

Ну, кому же нужна я теперь без души?
Потемневшие очи, как ночи темны,
И бессонные ночи, как очи пусты.
А дороги земные грустны и длинны.

2.
Мой милый уехал - земля опустела,
Ручьи не журчат и увяли цветы.
Мой милый уехал - душа онемела,
Умолкли в садах золотых соловьи.

Какая пустыня кругом и безмолвье!
Не дрогнет под ветром тугая струна.
Вчера зацветали долины любовью -
Сегодня кругом лишь сухая трава.

Вчера я богатой была и счастливой,
Струились к ногам величаво шелка.
Сегодня - бедна, неумна, некрасива -
Взираю на мир отрешенно одна.

3.
Полили дожди затяжные.
Ты в город уехал давно.
Забитые дачи пустые
И осень стучится в окно.

Унылые голые ветви
В поникшем осеннем саду
Дрожат безутешно под ветром.
Я грустно по дому брожу...

Огонь догорает в камине,
Бьют полночь устало часы...
И комнаты гулки пустые,
И кресла в гостиной пусты.

4
Три дня, как три огромных срока,
А приговор один - любовь.
Три дня, как тридцать три оброка.
Три дня - безжалостный конвой.
Приговорен к любви - навечно.
Навечно приговорена.
С руки срывается колечко...
Ведь жизнь - одна. И смерть - одна.

5.
Вытоптали кони
Все жнивье.
И слетелось на гору воронье.
На гору, на горе,
На горе мое.
Миленький уехал.
Простыл след его.

6.
Опять пишу письмо я. Пустота.
Густая дрема душными ночами...
Свеча уж догорела. До утра
Скрипят лишь половицы под ногами.

Хожу, не выхожу тоски.
Молчание сжимает комом горло.
«Увозят милых корабли...»
И колокол гудит надгробно.

Пишу письмо я в пустоту.
Мой адресат давно уж выбыл.
И почтальоны не несут
Ответных долгожданных писем...

В пруду такая темная вода
И розы белоснежных лилий.
Тоска моя, моя беда,
Не выхожу, не выпишу, не выпью...

7.
Момент настал и нам пора прощаться.
Прости меня за холодность речей.
Пришла пора навечно расставаться...
Навечно, навсегда, на весь остаток дней.

Кровь стынет в жилах от ужасной мысли.
Стою как столб и губ не разожму.
Да, это одинаково трагично -
жить без тебя или лежать в гробу...

8.
Ты уходишь,
целуешь меня у порога.
Ну а там за порогом за этим -
дорога.
Вот уже равнодушно
захлопнулась дверь.
Что же будет со мною,
с тобою теперь?!

Побегу, удержу, притяну, обниму,
сердцем к милому сердцу прильну.

Но не двинуться.
Кончено все.
Тишина.
Стонет ветер.
Окно. Полнолунье. Зима.

9.
Что написать Тебе, мой милый?
Не видела Тебя три дня.
Три раза солнце закатилось -
Три раза кануло в моря.

И трижды зори зажигались,
И трижды падала роса,
И на рассвете кони ржали
И уносились в небеса.

Тот конь, завидев кобылицу,
Рвал удила и мчался к ней -
Была разбужена станица
Счастливым ржаньем двух коней.

Лишь я одна в тоске взирала
На ширь полей и роскошь звезд,
И без Тебя не замечала
Их восхитительных красот.

Твои глаза мне звезд милее.
Милее всех цветов земли -
Уста медовые Твои.

10.
Это такая беда -
Ну, просто не звонит телефон.
Случилось что-то на линии.

На линии - между мной и тобой.
Сломалось,
выскочило какое-то реле,
порвалась связь,
разлетелись ниточки,
по которым шел ток.

От тебя - ко мне.
Теряюсь -
зачем теперь я мне?

Я - телеграфный столб -
без проводов!

Стою в степи - на семи ветрах…

Ветер не шумит в проводах.

ДОНУ ЖУАНУ, ЛЮБИМОМУ
1.
Каков он был, тот знаменитый дон,
Который свел с ума севильских жен?
И посрамленные мужья
искали помощи ружья.

Каков он был, тот дон Жуан,
Любви пленительный обман,
Низавший, словно жемчуга,
на нитку женские сердца?

Красив, как Бог, лукав, как Дьявол,
Прекрасен, смел, сладкоречив,
Любезен, изощрен и сладок,
умен, нахален и учтив.

Таким он снился мне сегодня,
Таким люблю его и я.
Была б я в выборе свободна,
Я выбрала б его, друзья.

Любовь его не вечна, что ж,
Зато уж очень он хорош!
А брака вечная тюрьма -
Не для него, не для меня!

2.
Ах, донна Анна, что за дело!
Не ты одна его хотела.
Тебе дарил он страсть свою,
Но я сильней его люблю.
За что наказан он, мой милый?

За то, что всеми был любим?
За то, что женами Севильи
Он и в аду боготворим?

Ах, донна Анна, пролетели
Любви и счастья времена.
Две опустевшие постели,
Опустошенные сердца.

В аду чертовку молодую
лобзают грешные уста.
Ты видишь, он нашел другую,
Забыв тебя, забыв меня...

3.
Где ты, мой дон Жуан?
К чьим припадаешь устам?
К чьим ногам бросаешь ты жизнь свою?
(В который уж раз!)
Из чьих рук принимаешь бокал
С любовным ядом?
Почему нет тебя рядом?

Пусть не будет тебе сладко с другой,
Пусть поймешь, что ты - мой!

4.
Мой дон Жуан... Соблазна полны
Сладкоречивые уста.
Что под покровом ночи темной
Таят лукавые глаза?

Мантилью черную накину

И тихо в сад спущусь к тебе,
И буду слушать ночью синей
Слова, не снившиеся мне.
Слова любви. Прекрасней нету,
Во всей Вселенной ничего.
И будем пить мы до рассвета
Сладчайшее любви вино.

А на рассвете в дымке серой
Потонет мутная заря.
Ах, да какое кому дело,
Что я придумала тебя!

***
Луна лениво освещала
Туманную ночную жуть.
И снилось мне: я целовала
Твою пергаментную грудь.

Скользил устало луч надежды
По мертвой, выцветшей воде.
Лиловый свет - немой и нежный
стелился под ноги тебе.

Стоял ты, холоден и тонок,
И вдаль смотрел перед собой.
Я просыпалась и спросонок,
шептала: "Где ты, милый мой?..."

Луна плыла средь океана
Холодных волн, холодных дум.
И так спокойно, и так странно
В даль простирался лунный путь.

ГОЛЛАНДЦЫ
1.
В Голландии туманы.
В Голландии фонтаны.
В Голландии тюльпаны
красивей ваших роз.

В Голландии такие
высокие голландцы
С глазами золотистыми,
как искорки костров.

Голландские глаза,
голландские уста!
Вкуснее нет плода,
роскошнее светила.

А ты - такая глупая,
влюбленная в голландцев.
Ну, просто сумасшедшая -
сошедшая с ума.

2.
По Чехии гуляют
влюбленные голландцы.
Рябиной горькой пахнут
голландские уста.

Влюбленные глаза,
забудьте осторожность -
по лезвию ножа
скользит рассветный луч.

Соблазна полон взгляд,

а рот, как спелый колос.
Как сладки поцелуи!
Ах, как горьки слова!
Слова, слова, слова...
Восторг в застывшем взгляде.
И снова ускользает,
и снова - дальний путь.

Приблизился - живешь.
Уходит - замираешь.
И снова, снова ждешь,
что б снова умирать...

***

Уходит все.
Усталости на зная,
качает маятник поникшей головой.
Уходит все.
Как сердце замирает.
Уйду и я однажды, милый мой.

Я прижимаюсь лбом к озябшему стеклу,
Пылающей рукой сжимая шаль.
Березка стонет на ветру
И облака текут куда-то вдаль...

***

По статистике -
семь лет жизни
любимых мы ждем.
Но разве в это врмя
Мы не живем?

ПЛАЧ СКРИПКИ
1.
Ни одной фальшивой ноты
в музыке твоей за столько лет.
На челе - печать заботы,
На висках - столетий снег.

Губы, приоткрытые в улыбке -
добрые и мудрые уста.
Любишь ты мои ошибки
и безумные слова.

В музыке твоей тоска и сила,
нежность и величие, и боль.
Струны, как натянутые жилы,
а смычок, как первая любовь.

2.
Музыкант приставил скрипку
к подбородку...
Как тут быть!
И печальною улыбкой
озарился светлый лик.
Зарыдала, застонала,
нежная в его руках,
и дрожала, и стенала,
и молила, вся в слезах.
Он ее любовью мучил,
сам страдал, ее любя.
Под его смычком могучим
пела тонкая струна.
И в экстазе упоенья,
где страдание и боль,
слезы, радость и сомнение,

восхищенье и любовь,
все в одном едином вздохе,
как в бессмертии слилось,
стоголосым гулким эхом
в темном зале отдалось.

Но упал смычок бессильно.
Смолкла скрипка. Тишина.
И поникли, словно крылья,
Две руки - как два крыла.

3.
Я - скрипка,
а ты - скрипач.
На струнах моих тебе играть,
из них извлекать
радость и плач.
А мне звучать,
петь и рыдать,
от счастья млеть,
к небу лететь -
камнем на землю пасть!
Скрипка - скрипач,
судьба одна.
Что я теперь - без тебя?
То же, что ты - без меня!
Скорей на плечо к тебе - пасть!
Прильнуть щекою к твоей щеке!
Мукою сердце зайдется в тоске.
Я - скрипка,
а ты - скрипач.
Мы неделимы,
как смех и плач.
Занес лишь смычок -

и я звучу.
Опустишь его -
и я замолчу.

4.
Скрипка поет на плече скрипача.
Скрипка страдает под взмахом смычка.
Плачет от счастья, немеет от боли...
Он не жалеет ее и не холит.
Он извлекает из недр ее плач -
этот неистовый гений скрипач.
Изнемогая от счастья и муки,
любит она его страстные руки.

Вместе слились - роковое единство -
в этом союзе давно и таинственно
ненависть, страсть, наслажденье и боль,
что называется словом любовь.

5.
Забытая скрипка лежит в углу,
Разбросаны ноты кругом на полу.
Наказанной школьницей сникла она,
Печали и боли разлуки полна.
Столетья проходят, а он не идет,
Из плена молчанья ее не спасет.
Напрягшись тугою и звонкой струной,
Имя его произносит с тоской.
Она различает в подъезде шаги...
Но нет, не его. Чужие они.
Послушницей, давшей обет молчать,
Пока не вернется ее скрипач,
Притихшею девочкой ждет она...
За окнами гулко шумит тишина...

6. ВМЕСТО ЭПИЛОГА

В музее под стеклом реликвией старинной
Застыла скрипка в вечной немоте.
А ведь когда-то сам великий Паганини
Дивился ее страшной красоте.

Звучала музыка неистово и страстно
И рвались струны под его рукой.
Овладевая ею нежно или властно
Он был всесилен. Да, он был такой.

Ни Бог, ни Дьявол, нет, ничто не вечно.
Поблекли звезды, выцвела земля.
Любовь и счастье в мире быстротечны.
Лишь одиночество в музее - на века.

КВАНТОВЫЕ СТРАСТИ

В квантовой механике я, признаюсь вам,
Абсолютный валенок, форменный профан.
Не судите строго, я ведь не Кюри,
Но есть за мною, может быть, доблести свои.

Я могу, к примеру, славно шить штаны,
Жарить отбивные и варить борщи.

Без квантовой механики - ты счастлив и здоров,
Но не с пустым желудком, тем паче - без штанов!

ВЕРЛИБРЫ

СЛОНЫ
1
Слоны с рубиновыми глазами,
красными от зноя глазами,
бредут по саванне
в поиске глотка воды.

Крик о помощи
застрял
в пересохшем горле…

2.
Когда слонам становится скучно,
когда ощущение счастья
покидает слонов,
они снимаются с места
и отправляются в путь -
в поиске новой земли,
напитанной ветром счастья.

***
Ты веришь детскою верой,
что сможешь его изменить,
но вера твоя напрасна.

Это он изменит тебя,
и будет менять каждый раз,
когда ему это будет нужно.

Если имеешь дело с дьяволом,
знай, это дьявол имеет тебя.

***

Жизнь – это не та книга,
которую можно закрыть,
и назавтра
беззаботно продолжить чтение -
с той же страницы.
Если ты это сделаешь,
Она сама закроет тебя…

***

Проснуться ранним утром,
взглянуть в окно,
увидеть зацветший куст сирени
и чудесный мираж -
твое отражение
в дрожащем весеннем луче -
это и есть
великое счастье
на нашей погрязшей
в несчастьях
Земле,

***

Путь революции – это
путь восторга и разрушения,
путь экстаза освобождения,
путь опьянения жаждой крови
путь каннибализма….

Известно, что революция
жадно пожирает тех,
кто ее породил…

ДРЕЗДЕН 1945
Не ведающий пощады
в извечной своей
жажде справедливости,
Ангел Возмездия
свершил свое дело
руками английских летчиков.

А узрев
всю меру своей справедливости,
каменным изваянием
застыл над городом,
и сердце его преисполнилось
печали.

Ангел горько заплакал
над делом своих рук…

***
Дни идут за днями,
сменяя хорошую погоду
проливными дождями.
Смотрю в окно.
Просто так.
Без печали,
без радости.

Заточенная в себе самой -
самой худшей
из всех тюрем…

***

Невозможно любить
человечество -
ни у кого нет
такого большого сердца,
чтобы вместить всех.
Любить
можно человека.

За его неповторимость,
или
за его несовершенство.
За то, что он похож
или
совсем не похож на тебя.

За то, что он дышит
источая тепло,
которое нужно тебе…

***

Дождь
барабанит
по стеклам,
жалобно просит
его впустить –
вместе серебряным облаком,
проливающимся на землю
потоком слез…

ДОНЕЦК
Взорванный город,
как последний день человечества,
когда прошлое перестало существовать.
Прошлое, с прогулками по весеннему парку,
с ласточками под стропилами крыши киоска,
где продавали мороженое,
с взвизгивающим смехом девчонок,
с цветами, брошенными в окно родильного дома,
к ногам новорожденной дочери…
Этой жизни он больше не помнил…
Он стал частью окружившего его ужаса.
Он стал камнем среди других камней,
взметнувшихся от разрыва фугаса,
и осевших,
как оседает пыль,
на останки прошлого.
Он слился с пятнами этой пыли,
уже не в силах ненавидеть тех,
кто поднял меч на братьев своих.

Одна лишь горечь,
бесконечная горькая горечь
заполнила то святое пространство,
где когда-то билось
его сердце.

***
Любовь
лишает сердце
свободы.

Не оттого ли влюбленные
поднимают глаза
к просторам Вселенной?

В тоске смотрят они на звезды,
серебром вытканные
по ночной бесконечности
шлейфа ночи,
и мы слышим
стоны,
разрывающие
их грудь...

***
Скользкая,
проседающая под ногами
дорога,
с трещинами горечи и
провалами разочарований,
дорога-предательница
уводит меня
к мрачным мыслям
под свинцовую сень
ноябрьского неба...

***

Рыба
не скажет,
чем живут люди.

Не потому,
что рыба нема...
А потому что...

Рыба
не знает
тоски по крыльям.

***

Ветер, подняв столб пыли,
промчался по улице.
Обманутым любовником
взметнул занавеску,
ворвался в комнату,
нервно
перелистал страницы
моего дневника...

Застыл
в печальном молчаньи,
вздохнул глубоко...

И потом легонько
коснулся пальцами
моих век...

***
Вокзал.
Воздух,
напоенный ароматом дороги,
разорван вдруг
прощальным гудком
паровоза.

Пальцы, смахнувшие слезу.

Не забывай,
поезда идут в двух направлениях…

***
Блеклой лентой вьется дорога
среди кустов сирени
ласкаемых
весенним ветром.

Сквозь разорванные облака
открытым окном
сияет небо.

А ты плачешь
слезами осени,
вспоминая ушедшую зиму…

***

Бесчеловечность
человеческого племени -
за доброту
расплата выше,
 чем за зло

***

Нет, я не уйду!
Когда пробьет мой час,
я превращусь
в камень,

хранящий
тайну
всего живого на Земле.

***

Два злейших врага
человечества -

в то время, как
беспредел
жадно
пожирает его плоть,
порядок,
любовно
приникая к его венам,
каплю за каплей
высасывает
живую его кровь.

***
Продажность
отвратительна,
но и добродетель,
порой вызывает озноб…

НЕБО
Облака легко скользят
по небесному своду.

Улитка,
презрев свою конституцию,
сиреневой птицей,
врезается в синеву.

За нею,
разрушая взаимозависимость,
устремляется фигура орла,
которому что-то связал
крылья.

Реактивный самолет
посылает обоим вслед
огненную стрелу,
и берет курс

на раскаленный диск солнца.

***

Я никогда не жила там,
где я была.

В то время, как тело мое
было здесь,
истинная моя жизнь
протекала
в другом,
параллельном нам мире.

В мире,
где кончается
власть законов
и начинается
власть снов…

***

Ничего не могут видеть
глаза твои,
после того, как они
узрели
солнце.

А ты боялась смотреть на звезды…

***
Игла
твоих
зеленых глаз.
вонзилась в мое сердце.

С тех пор -
неуловимая и осязаемая -
плоть желаний
томит мою душу, и я
послушно следую
за моею тенью,
не спрашивая,
на какой край земли
она меня заведет.

Моя тень -
это все,
что у меня осталось.

Она одна
способна
хранить верность…

***
Наши миры
вращаются
вокруг разных солнц.

Сближение галактик
неизбежно ведет
к катастрофе.

ПУСТОТА
1
Нет печальнее зрелища,
чем вид пустой бутылки
из-под вина.
Этим объясняется,
то обстоятельство
что
винные бутылки
производят
из стекла,
скрывающего
их содержимое.

2
Пустоту
заполняю
встречами,
разговорами,
людьми,
и не важно,
что…
каждый из нас
говорит на своем языке,
что…
мы давно перестали
понимать друг друга,
что…
пустота от этого
становится
только глубже.

УТРАТИВ БОГА В СЕБЕ...

1.
Пока святое писание
формировало твой ум,
ты верил
в божественное свое
предназначение.
В собственную неповторимость
верил ты.
Но потом...
Явились поклонники Логоса
со своей железной логикой
и своими разоблачениями,
и ты восторженно внимал им -
ведь говорили они так убедительно.

Ты им поверил, не заметив,
как,
утратив Бога в себе,
ты утратил себя.

2.
Мне не раз говорили -
природа
не терпит пустоты,
и я убеждалась в этом не раз.

Природа души
пустоты не выносит:
когда божественное
покидает душу,
душа пустеет,
ее поглощает мрак.

3
Разрушая власть божественного,
в твоей душе,
поклонники Логоса
утверждают
свою
власть...

Все дело
исключительно в этом.

О чем бы ни шла речь,
речь всегда идет о власти…

ЧУЖИЕ ИГРЫ
Как долго играла
в чужие игры,
верила, это мой долг -
соблюдать
чужие правила чужой игры.

А вчера я сказала им,
играйте сами,
а сама ушла на лужок,
легла в траву,
она пахла мятой,
прищурила глаза и
смотрела на солнце.

Божья коровка ползла
по своим делам.
Интересно, какие у них дела,
у этих божьих коровок?

ШРАПНЕЛЬ ВОСПОМИНАНИЙ
1.
Пока ты
занимаешь свое место
внутри системы,
жизнь течет своим чередом,
и душа твоя пребывает в покое.

Но почему-то как раз покой
и вызывает бессонницу.

И тогда что-то заставляет тебя
покинуть
этот надежный окоп
и шагнуть
под ливень шрапнели…

Все дело в том, что не покой,
а смертельная опасность
дает тебе почувствовать,
что ты все еще жив…

3.
Когда ты находишься
в нежных объятиях покоя,
когда очаг
дарит тебе свое тепло,
тебя неодолимо
тянет наружу –
в дождь и стужу.

Чтобы потом
с тоской вспоминать
о том,

как было чудесно там, внутри,
где от чая поднимался парок,
и подушка ласкала спину…
Под барабанную дробь шрапнели
ты греешься у очага
воспоминаний…

2.
В этой маленькой,
душной комнате,
я сижу как в окопе,
где-то в районе
Гориции,
и слушаю
дробь шрапнели,
бьющей в бруствер…

А может быть это
Просто дождь
стучит по стеклам…

***

Покидая себя,
вечным путником,
теряюсь в пыли дорог.
Забываю прошлое,
легким облачком
растворяюсь
в свете желтеющих звезд…

Облачко
подстреленной черной тучкой
проливается на пашни
ливнем слез.

***

Кочуя из мира в мир,
не зная покоя,
скользя неприкаянно
по хладной поверхности
вселенского льда,
проваливаюсь
в теплую трясину
любви.

А может быть
это
сладость смерти?

***

Тяжкая ноша
имя которой жизнь,
лежит на моих плечах.

Геофизическая сила памяти
давит меня к земле.

ЭТО ТАКОЙ СТРАННЫЙ ГОРОД
В этом городе туманы
соседствуют с ясной погодой,
они живут на соседних улицах.
Если тебе надоел туман,
перейди на другую сторону,
и растворишься в свете.
А когда устанут глаза…

Это такой странный город…

***

Дождь смывает
пылинки воспоминаний,
и лишь камень
остается лежать там,
где когда-то было
мое сердце…

***

Вжимаясь лопатками
в теплый песок,
из последних сил
противостою
любовному притяжению
черной бездны,
усыпанной миллионами звезд.

Ничто не пленяет душу так,
как пленяет ее
мысль о смерти…

***

Между рождением
и смертью
простирается
трагедия
нашей жизни...

Ее вписывает
чья-то сухая рука
в прожилки
на облетевшем листе
осеннего клена...

***

Женщина, которую ты любишь,
это бездна,
втягивающая
тебя в свои глубины,
и она лишает тебя любви
других женщин.

Теплое ее дыхание
пленяет,
пробуждая
космические чувства и
страх одиночества
в твоей душе...

Она всюду с тобой,
эта женщина,
которую любишь ты.

Как навязчивая мысль.
Как уязвленное самолюбие.

***

Я вызвала Вселенную на бой,
как если б сил моих хватило,
хотя б на пятку
оной наступить.

Вселенная
мой вызов
приняла...

Отсрочив час дуэли...

***

Влюбленность
вселяет нелепую надежду на то,
что теперь ты достигнешь блаженства,
что ты нашел наконец
ту прекрасную душу,
о которой тосковал всю жизнь.

Но если ты
до сих пор
ты
не нашел эту душу в себе…

***

Запах – это молекулы,
они внедряются
в твою душу,
застревая в ней
вечной памятью сердца…

***

Сегодня за окном
сплошная меланхолия,
туманной простыней
укрытая земля,
застывшее движение,
застывшее желание,
застывшее не хочется,
застывшая судьба…

***
За этот короткий,
короткий день
я прожила целую жизнь,
наполненную всем,
что делает жизнь
жизнью…

Встреча, любовь, восторг,
разочарование,
горечь, разлука...

И потом…
равнодушное созерцание
времени,
неумолимо текущего
сквозь пальцы
вечности…

***
Если верить
поэту Байрону,
народ и женщины
всегда
на стороне виновных.

А что скажешь на это ты?

Любила ли тебя
хоть одна женщина?

***

Ты спросил,
кого я люблю больше -
тебя или жизнь. и
я ответила -
жизнь.
Тогда ты
покинул меня.

Лишь после этого
я поняла,
что жизнь - это ты...

Когда ты был со мной,
я была.
Когда ты был рядом,
я была я,
а теперь…

Я молю мою жизнь
чтобы она вернула мне меня…

***

Люблю
это
голое дерево
за моим окном,
тянущее
к осеннему небу
чудо
своих
нагих
рук.

БЕАТРИЧЕ
Сердечное безумие
заставило Мастера
подарить вечность
девочке
по имени
Беатриче.

С тех пор
время
играет девочкой,
как играет ветер
облетевшим
листом платана…

Робкое ее сердце,
скитается
среди миров.

Нежная ее душа
не находит
пристанища
ни в одном
из
параллельных ее миров…

***

Освободись от хлама
воспоминаний
и других невзгод!
Шагни вперед -
без багажа,
без ноши!
Свободно.
Руки распахни
ветрам навстречу.

Они тебя подхватят
пушинкой нежной
и понесут в тот край,
где синь небес
впадает в никуда.

***
Франсуа Вийону
Твой прах
истлел давно
в неведомой могиле.
Стихам твоим
уж шесть веков минуло.
Но ты – живой -
с улыбкой грустной
заглядываешь в душу
потомкам,
околдованным тобой.

Так вечное на вечное глядит…

ПЯТНО НА СТОЛЕШНИЦЕ
Я заметила пятно на столешнице...
И вдруг...
Откуда такая нежность
к досадному пятну?

Ах да...
Мы сидели за этим столом...
Рубином текло вино в бокалы,
Отражая блики свечей...

И воск свечи-
расплавленным янтарем -
стекал на столешницу...

***
Подыши в мое ушко,
Шепни какую-то гадость.
Лицо мое покроется краской стыда.
Знаешь, я еще умею краснеть.
В надломленном звоне
колоколов к заутрене
услышу голос греха.
О, как сладко, как страшно
замирает сердце!

Стою, нагая, на семи ветрах.
А восьмой –
он самый сладкий.
Он – мой!

***

«А что
если это барометры
рождают
ураганы?», -
высказал
страшное предположение
Сережа Довлатов.

Да, это барометры
виноваты во всем!
Надо
уничтожить
барометры!

Но что тогда…
будет
с хорошей погодой?…

***

Случай контролирует
каждую минуту
нашей жизни,
заставляя
влипать
в истории…

Вот и я
влипла в эту историю
под названием
жизнь

***

Пусть кто-то скажет мне,
что время не материально,
я возражу:
ни войны,
ни ураганы,
ни дожди,
не нанесут
таких увечий,
какие
нанесет
касание времени.

***

За окном простирается
пустое пространство,
где горький ветер
гоняет пыль
промокшей от слез
осени,
почерневшей от горя
осени,

Осени
с печальными глазами
ребенка,
утратившего
свою
надежду.

***
Прекраснейшая музыка –
музыка дождя.
Прекраснейшая картина –
белизна свежевыпавшего снега.
Прекраснейшие минуты -
это когда мы молчим,
кутаясь в один плед,
и, глядя в окно,
за которым
ажурными бабочками
кружат снежинки,
садясь
на черепичные крыши
соседних домов…

где-то в Париже…

***
Неразделенная любовь
скалою неподъемной
лежит на сердце.
Ты знаешь сам,
что ноша эта,
по силам
лишь двоим...

***

«Свобода – это кость,
которую бросают народу,
чтобы он
подавился ею,
и больше
ничего не просил».

Вы подумаете,
это сказал
какой-нибудь циник Маккиавели,
иль - на худой конец, -
жесткий
государственный муж
Бисмарк,
любивший
пофилософствовать
в часы досуга.

Увы!
Это слова
великого борца
за свободу народа,
героя,
свергнувшего
трон монархов,
и... потом
собственноручно
водрузившего
на свою
уже лысеющую
голову
корону тех самых,
повергнутых им
и презренных Бурбонов.

Посвящается К.Д.

1.
Я знаю,
ты любишь
распутных женщин,
рыжеволосых,
распластанных
по асфальтам
больших городов.

Потому что
ты любишь
Женщину…

2
Для того, чтобы выйти
в открытый Космос,
говорил ты,
надо ликвидировать стены.
К чему смотреть в степь,
если можно туда войти?…
Надо лишь найти мужество, и
покинуть
панцирь комфорта,
в плену у которого ты живешь.
Надо начать движение,
и, набрав
критическую массу жажды свободы,
обрушиться в Степь.

Познав Степь, ты уже не сможешь…

И я шагнула.
И я познала.
И я не могу…

Мир распался,
разрушив господство Целого,
эту иллюзию
непрерывности времени,
которое –
всего лишь -
потоки кристаллов света,
бьющих наотмашь,
и уносящих тебя
за горизонт событий,
в глубины радиуса гравитаций.

3.
Обещал степь,
небо и океан
под флагом
Веселого Роджера,
а закончил бухточкой
в тесном заливе,
с нумерованными причалами
и строгими правилами,
под флагом трусливой хунты.

И вот она - сермяжная правда
мужчины.
И даже лучшего из них…
(плачу…, с ударением на а.)

4.
Ты жестоко привык – брать, не спрашивая.
Наверное, это хорошо.
Наверное,
это очень даже приятно,

брать не спрашивая,
ни у кого ничего не спрашивая.
Наверное, это здорово,
когда одна лишь дерзость,
и никакой вины.

Но что можно
подарить человеку,
который берет,
не спрашивая?

Нежность, например...
Ее не возьмешь,
спрашивая.
Или любовь...
Эта коварная леди
сама
никого не спрашивает,
свои законы она пишет сама.

Кровью
по ночному песку
мироздания.

5.
Знаешь,
мне кажется,
мне очень даже кажется,
открылась
обещанная дверь...
И звезды...

6.
Ту часть тебя, которая
Мотылек,
нежный, ранимый,
я буду любить вечно….

Ту часть тебя, которая
Мастер,
я сохраню
в моем сердце.

Над той частью тебя,
которая
злой ребенок,
я буду плакать
слезами матери…

Ту часть тебя, которая…
Над нею
я буду
скорбеть…

7.
Невидимая часть тебя,
светлячком кружась
над моей жизнью,
освещает ее лабиринты.
Когда я вижу, что идет дождь,
я знаю, это ты рядом.
Если дождя нет,
это тоже ты.
И это неважно,
Что…

8
Не уходи!
никто не сможет
понять тебя так,
как пойму тебя
я.

Не уходи!
никто не сможет
понять меня так,
как поймешь меня
ты.

Не уходи!
Никто не сможет
любить...

Но ты ушел.
И рана
осталась кровоточить
в моей душе...

***
Воспоминания -
это ад
который
мы носим
внутри
нашей
взывающей к милосердию
живой души.

***

Вливая в юную душу яд лести,
искуситель наполняет
сосуд любви к себе,
порождая зависимость.
И душа просит –
еще и еще…
А когда настает
час расплаты, она,
подбитым лебедем
падает вниз.

И лишь тот, кому
удалось выжить,
будет умирать
снова и снова,
и смерть
станет его подругой...

***

Бежать в страну,
где страха нет,
где нет тревоги.
Перешагнув черту,
оставить позади
все, что томило
сердце болью.
И обрести покой.

Под серым
и печальным,
скользящим
небом ноября…

***
Ощущать себя
частью Вселенной,
наверное, это прекрасно!
Но лишь до тех пор,
пока ты веришь, что
Вселенная это ты.

Лишь до тех пор,
пока тебе удается
не думать о том,
что во Вселенной ты -
всего лишь пылинка.
Исчезнешь ты,
и во Вселенной
никто не заметит
что ты была…

Нет, лучше
чувствовать себя частицей
чего-то малого и земного,
зная,
что после твоего ухода
останется брешь,
заполнить которую
будет нечем.

И пусть кто-то
прольет слезу
над опустевшим
пространством…

***

Он понимает тебя,
и ты любишь его за это,
боясь его понимания.

Нет, не его боишься ты.
Ты боишься себя и
собственной своей сути.

И ты ненавидишь его
за правду.

Нет, не ты
ненавидишь его,
это делает
твоя робость
и то мужество,
которого в тебе нет.

Лишь сны твои
любят его.
Сны, в которых ты -
только ты -
без тех следов,
которые
ставили на тебе
другие.

***

Облетела листва,
и ты увидела их обнаженными.
Страшно было их наготы,
она походила на смерть.
Но потом ты поняла,
что это вполне естественно.

И ты увидела,
какие они разные.
Одни бедны,
другие
и в наготе своей богаты,
одни гнутся под ветром,
другие выстаивают,
но природа у всех одна.

И тебе стало ясно –
это и твоя природа.

***

Сегодня звезды в небе
Словно васильки.
Звездами переполнена Земля.

Они горят и зной уносит лето.
Томление и горечь…

***

Он приходит к тебе ночами,
вливая
в трепетную твою душу
яд Правды,
яд Свободы,
яд Желания.

И ты ненавидишь его
за это
той Любовью,
имя которой Смерть.

***

Там, на другой стороне Земли
кто-то сыплет цветы
в экран монитора.
Подвластны свой электронной судьбе,
лепестки падают
на стол ко мне.
Расцветают тюльпаны.
Струится дождь маргариток.
В «окна» врывается розовый вихрь.

Зеркальным отражением в ясной воде
ты идешь ко мне…

Отражение тает во мгле…
Ночь..

БЫЛОЕ
Мне снятся сны…
В которых я
вижу себя девочкой на морском берегу,
где разливается
душное стаккато цикад.
Робким подростком вижу себя,
боящимся жизни и всего того,
что скрывается за словом Любовь.
Окружающим так было нужно,
это они утверждали законы и
развешивали флажки.
Это они
чистое
превращали
в грязное.

Но во сне…
Во сне нет их власти.
Во сне я это я…
Во сне…

Волны нежно и страстно
ласкают камни,
пытаясь вымолить у них что-то,
но камни молчат,
потому что они – камни.

Одинокая тень
вырастает в сумраке ночи,
неторопливо и стремительно
движется
по острию лунного луча.

Сердце мое наполняется страхом…

И вот я уже вижу профиль
и черную прядь волос
на высоком челе.
В темных очах
отражается холод звезд.

Пылающий его рот
обжигает мои губы.
Рука ложится на мое плечо,
я чувствую силу,
нежданную
в изяществе гибкого тела.

Наши сосуды сливаются,
и вот уже огонь
наполняет мои жилы,
и я вижу все то,
что видел он,
не знающий покоя
и живущий вечно.
Теперь я знаю, кто он,
суровый и одинокий,
с огнем вместо крови в пылающих жилах.

Его я любила всегда.

Пустынный берег
прочеркивают снопы света -
это прожектора
стерегут границу.

«Границ нет», - говорит он,
и уводит меня
в тень погрустневших дерев.
«Перешагнув рубеж,

я стану такой, как ты?», -
спрашиваю я.
«Нет», - отвечает он,
и я благодарна ему за правду.
«Такая, как я, ты мне не нужна», -
говорит он,
и я понимаю, что он умеет любить.
Любить так,
как любит лишь тот,
кто познал значение слова ничей.

Дрожь его тела рождает страх.
Ствол шелестящего дерева,
все еще теплый
после знойного южного дня,
вонзается в мои плечи.

С уст его
срывается грубое слово,
которым он называет то,
что собирается сделать со мной.
Оно ранит меня,
и я ненавижу его за это.
«Забудь свою гордость, -
говорит он, вливая в меня
яд свободы желания, -
льстивых заверений в любви
ты от меня не услышишь».

Испуганный звереныш,
живущий во мне,
сопротивляется,
но протест
лишь питает его страсть.
Губы...

Поцелуй так глубок…
Его сладость приручает звереньша…

Ласки нежны и грубы.
Он берет мою руку
и вкладывает
в мою ладонь
то,
о чем я не смею думать, и
имени чему в моем лексиконе нет.
Ему зачем-то так надо…
Чтобы я сама
Захотела -
взломать замок.

Во мне пробуждается
звериная моя суть.
Я вижу пропасть,
а за нею пятно Бесконечности.

Испив из чаши
Желания,
я увидела Смерть,
она стояла рядом,
но страха во мне не было.
Потому что
есть на свете
нечто
сильнее Смерти.

Испив
яда наших Желаний
и выжив,
я познала себя.
Он говорил на рассвете:

«Любовь –
это самая большая иллюзия.
На самом же деле
каждый
любит только себя.
И даже тот, который себя не любит,
любит себя, истекаяч кровью
отсутствия взаимности.

Теперь ты знаешь,
чего хочешь ты.
Теперь ты любишь
свое Желание,
а это значит,
ты любишь Меня.

Это единственная истина,
других истин нет».

«Ты вернешься?», -
спросила я,
когда
он
уходил в рассвет.

* * *

Ты говоришь,
а я глаз не могу свести с губ твоих.
Ты перехватываешь мой взгляд, и я отвожу глаза.
Смотрю в угол сумрачной комнаты.
Ее заволакивает туман.
В тумане, как свечи, вспыхивают ирисы.
Нет сил, чтобы поднять глаза…

Ты говоришь о Любви.
Любовь - это Ангел.
Ангел - ты.
Ты - Любовь.
Круг замкнулся.
Так Солнце
завершает
очередной оборот
вокруг Земли!

Твои виски хочу зажать в моих ладонях.
Тебя защитить от мыслей суровых и бед лихих.
Спи, милый, спи.
Твоя голова на моей груди.

Ты не слышишь, о чем думаю я…

МОЯ КОЛЛЕКЦИЯ

Один собирает марки, другой - этикетки спичечные, третий - ворованные полотна художников второй половины восемнадцатого века прячет у себя в подвале, за семью замками.

А я собираю твои улыбки, взгляды твои коллекционирую. Смешок или невзначай оброненное слово подбираю я. Так нищий на улице подбирает окурок. Тебе это слово - пустяк, как окурок прохожему. А мне оно - как тот же окурок нищему, тоскующему по долгожданной затяжке.

Собираю движения рук твоих, поворот головы, взмах ресниц. Храню глубоко, в сердце своем от завистников злых.

Когда город спит глубочайшим сном и даже у звезд на небе смыкаются глаза, я спускаюсь сюда и, замирая от восторга, перебираю сокровища, гордой владелицей коих являюсь я.

Улыбки хранятся в коробке из-под цветных карандашей.

Взгляды не умещаются нигде. О, взгляды так много таят в себе!

Взгляд - Утешитель.

Взгляд - Мудрец.

Взгляд - Соблазнитель.

Взгляд - Гордец.

Взгляд - Художник и

И Взгляд - Творец.

И еще много совсем маленьких, грустных или веселеньких взглядов. Но ни одного - как не ищи - нет ни одного лживого или надменного среди них. Ни одного взгляда, обещающего рай на грешной земле.

Совсем отдельно хранятся слова.

Вот это ты обронил вчера - слово, похожее на изумруд. Все слова твои - драгоценные камни чистейшей воды, где выверена каждая грань до микрона.
Что по сравненью со мной все Рокфеллеры и Дюпоны! Так, мелюзга.
Ночь смыкает глаза. Над городом занимается день. Вот замаячила чья-то тень... Собираю свои сокровища, прячу их глубоко, чтобы не нашел никто. Вешаю на сердце ревниво двенадцать замков и мечтаю вновь о минуте свободы и одиночества, чтобы спустившись в свои тайники, перебирать снова твои - взгляды, улыбки, кивки, смешки, слова.
И рукопожатия. Но эти я ношу всегда с собой, вместе со своею рукой, которую пожимаешь ты при каждом "здравствуй" и каждом "прощай". Прижимаю ладонь к губам и слушаю сердце свое - там тысячи скрипок выводят мелодию любви и восторга…

***

Посмотрите на асфальт!
Какого он цвета?
Вы видите робко поблескивающие аметистовые искорки?
А розовую. пыльцу турмалина?
А синеву лазурита?
А отражение ночных звезд?

Но если вы скажете что асфальт серый…
Это значит, вам нужны новые очки.

***

Избыток солидарности
не раз приводил
человечество
к войнам,
в то время, как
отсутствие оной –
это моральная его смерть…

***

Презрев законы аэродинамики,
пухлые ангелочки,
снабженные
символом крыльев,
парят под куполом церкви…

Главное – верить
в то, что крылья
у тебя есть…

Либерализм,
это та степень
свободы,
при которой уже
никому не позволено
помешать тебе
наносить вред себе
и обществу…

Либерализм –
имя юного бога Свободы…

БАГАТЕЛЬКИ

***

В щедро раздариваемых
сладких словах и
клятвах верности
как в водах мутного потока,
погибает нежный цветок любви…

***

Жажда мира в сердце моем -
вечная жажда
гармонии.

Но что-то
снова и снова
заставляет меня
выбирать
путь хаоса

***

Чужая даль
и колесо фортуны -
свободы нет…

***

Твои глаза
прекрасны,
когда ты
плачешь,
говорил ты,
причиняя
мне боль

***

Смерти нет!
Спроси у бабочки!

***

Подари мне
железный цветок,
который
цветет вечно.
просила я.

Вечность мертва,
отвечал ты.
Жизнь прекрасна
своей
быстротечностью…

***

Весна не рассуждает
о морали.
У весны
свой угол зрения.

***

Женщина – это
утро,
в котором
женщина –
всего лишь
женщина…

***

Река любовно
ласкает ножки девочки.

Берегите детей
от любви рек!

***

Дикую лозу
вгоняют в краску
поцелуи осени,
влюбленной
в саму себя…

***

Сраженный
литаврами
круглый
звук скрипки
подстреленным лебедем
падет
в вечность…

***

Небо плоское -
как ладонь,
раскрытая
навстречу желанию…

***

На краю бесконечности
спит
запущенный
сад
желаний…

***

Море – это вода.
Остальное о море
уже сказано.

***

Зеркала бездушны,
как бездушна свобода.
В зеркалах
отражается
все...

***

Яблоко – это
экзамен на
аттестат зрелости…

***

Пылинка –
самая главная
часть
Мироздания…

***
За стаканом абсента
муравей
погружается в воспоминания
о прошлой своей жизни...

Грехом которой
был грех гордыни...

***
Ветер
повелевает ураганам...

***
Рука – это
ласка и
боль...

***
Птица – это
победа
над силой
земной любви...

***
Окно - это
зарево
осветившее
крохотный мир
одной единственной жизни...

***
Эхо
продляет
жизнь слова,
лишая его души…

ХАЙКУ ПО-РУССКИ

***

море синеет вдали
вьется дымок
шхуна в поиске бухты

***

куст сирени зацвел
солнце ласкает землю
январь

***

сегодня сдружились они -
солнце и месяц
любовь

***

рамой портрет обрамлен
тени в глазах
шагни за пределы

***

золотом купола
в синеву небес
благовест

***

шелест листвы и песня цикад
дрозд поет в вышине
счастья покой

***

в черной воде отраженьем луны
дрожит ветерок
холод Вселенной

***

луна
камнем канула
в пучину слез

***

Весна поставила точку в повести,
над которой долго трудилась зима.
Капель.

***

Лучезарный покров лег на город
снег сверкает в лучах дневного светила
конечность бесконечного

СОДЕРЖАНИЕ

СТИХИ ПРОШЛЫХ ЛЕТ

«Во имя полного забвенья...» 7
Нежность..7
Расплата 8
«Приступаю к новому роману...».........................8
Луна 9
«Угольки догорают в камине...».........................10
«Ни аромат цветов, ни стрекот...».....................10
«Любовь - беда...»..11
«Пустые поля...»...11
«С созрела для Рима...» 12
«Сижу, плачу и пиво пью...»...............................12
«Очень горько вспоминать...»............................13
Озябшие черешни..13
Устала..14
«По тонкой глади льда гоняет ветер...» 14
Одиночество...15
«Над озером висит луна...» 15
Любовь зла 16
Бабочка...16
Рисовать твое лицо...17
Пристань...17
Страхи...18
Забуду..18
Яблони в цвету 19
«Страх пред чистым листом бумаги...»............19
Консуэло 20
Смерть пажа 21
Матисс(н)ы 21
«Своею щедрою десницей...»..............................22
Твой путь 22
Я приду к тебе женщиной 23
«Твой красный шарф...».....................................24

Опасные мотивы 24
«Мне снилась готика...» 24
Профессор Фрейд 25
По дороге в Зальцбург 26
Иерусалим 27
Воспою разлуку 28
«Это такая беда...» 32
Дону Жуану, любимому 33
«Луна лениво освещала...» 35
Голландцы 36
«Уходит все...» 37
«По статистике...» 37
Плач скрипки 38
Квантовые страсти 41

ВЕРЛИБРЫ
Слоны 45
«Ты веришь детскою верой ...» 46
«Жизнь – это не та книга...» 46
«Проснуться ранним утром...» 46
«Путь революции – это...» 46
Дрезден 1945 47
«Дни идут за днями...» 47
«Невозможно любить человечество...» . 48
«Дождь...» 48
Донецк 49
«Любовь лишает сердце...» 50
«Скользкая...» 50
«Рыба не скажет...» 51
«Ветер, подняв столб пыли...» 51
«Вокзал...» 52
«Блеклой лентой вьется дорога...» 52
«Бесчеловечность...» 53
«Нет, я не уйду...» 53

«Два злейших врага...» 53
«Продажность отвратительна...» 54
Небо 54
«Я никогда не жила там...» 55
«Ничего не могут видеть...» 55
«Игла твоих зеленых глаз...» 56
«Наши миры вращаются...» 56
Пустота 57
Утратив Бога в себе 58
Чужие игры 59
Шрапнель воспоминаний 60
«Покидая себя...» 61
«Кочуя из мира в мир...» 62
«Тяжкая ноша...» 62
Это такой странный город 62
«Дождь смывает...» 63
«Вжимаясь лопатками...» 63
«Между рождением и смертью...» 63
«Женщина, которую ты любишь,...» 64
«Я вызвала Вселенную на бой...» 64
«Влюбленность вселяет...» 65
«Запах – это молекулы...» 65
«Сегодня за окном...» 65
«За этот короткий, короткий день...» 66
«Если верить поэту Байрону...» 66
«Ты спросил, кого я люблю больше ...» ..67
«Люблю это голое дерево...» 67
Беатриче 68
«Освободись от хлама...» 69
Франсуа Вийону 69
«Пятно на столешнице...» 70
«Подыши в мое ушко...» 70
«А что, если это барометры...» 71
«Случай контролирует...» 71
«Пусть кто-то скажет мне...» 72

«За окном...» 72
«Прекраснейшая музыка...».....................73
«Неразделенная любовь...» 73
«Свобода – это кость...».............................74
Посвящается КД 75
«Воспоминания – это ад...».......................79
«Вливая в юную душу яд лести...» 80
«Бежать в страну...».....................................80
«Ощущать себя частью Вселенной ...» 81
«Он понимает тебя,...».................................82
«Облетела листва...».....................................83
«Сегодня звезды в небе...»..........................83
«Он приходит к тебе ночами,...»................84
«Там, на другой стороне Земли...»............84
Былое 85
«Ты говоришь, а я...» 90
Моя коллекция..91
«Посмотрите на асфальт…» 92
«Избыток солидарности...» 93
«Презрев...»...93
«Либерализм...» 93
Багательки 94
Русские хайки……………………………...100
Содержание……………………………....102

В издательстве BoD – Books on Demand, Norderstedt

Вышел из печати роман

София Бенедикт
«ЕСЛИ ДОЛГО ВГЛЯДЫВАТЬСЯ В ОКЕАН»

Вы влюбитесь в этот роман, потому что в него невозможно не влюбиться. И уж точно не закроете книгу, пока не дочитаете до конца. Захватывающий, как хороший детектив, рассказывает он о любви, о нежности, о боли, о сиротстве души, о несправедливости судьбы, о желании женщины быть счастливой. Как сорванный с ветки осенний листок несет нашу героиню от мужчины к мужчине, из города в город – с берегов Тихого океана на берега Атлантики, в Португалию, где живет ее большая любовь. «Чувства правят миром, - говорит она, - и даже когда человек стремится к богатству и власти, делает он это ради тех чувств, которых он ждет от богатства и власти». Героиня романа – характер нежный, страстный и преданный. Смысл жизни видит она в любви. В наше, пораженное бациллой ненасытности, прагматизма и жажды успеха время такой характер может показаться архаичным, но это лишь до тех пор, пока вы не начали читать роман. Как бы жестока ни была жизнь, тоска по любви и нежности живет в каждом сердце. Если вы женщина, вы откроете в героине собственные сокровенные черты, свою боль и тоску по несбывшемуся. Если вы мужчина вы влюбитесь в нее, ведь именно о такой женщине вы мечтали всегда.

Этот роман скоро выйдет из печати также в переводе на немецкий язык

Скоро выйдут из печати

София Бенедикт
БОГ СЧИТАЕТ ЖЕНСКИЕ СЛЕЗЫ
Четыре повести

Героине повести **«До первой крови»** двенадцать лет ее знакомство с таинственным миром взрослых только начинается. Он и отталкивает, и привлекает ее. Отыскивать ориентиры ей приходится в одиночку. В семье каждый занят собой, с любимой подругой они понимают друг друга, но и здесь все непросто. Подруга пытается соблазнить нашу героиню на преступный поступок...

«Там, где солнце заходит за море» - это история юной девушки на пороге зрелости. Она потеряла мать, отец снова женится. Читатель становится свидетелем первой робкой любви, верной дружбы, ненависти, отчаянья, духоты маленького городка, слез, унижений, боли… Что ждет нашу героиню в будущем?

Повесть **«Бог считает женские слезы»** повествует о судьбе женщины, которой выпало редкое счастье на этой земле – она нашла родственную душу, она встретила великую свою любовь. Пусть судьба и в этом случае немилостива к любящим, героине все же удается не растерять своего богатства. Великая щедрость души ее возлюбленного вдохновляет ее на жизнь, полную любви, самоотдачи и творчества.

Четвертая повесть **«Млечный путник»** повествует о судьбе скандинавского писателя русского происхождения, потомка знатной семьи, человека, так сказать, с вырванными корнями. Перед нами характер авантюрный и эгоистичный, но при этом талантливый и обаятельный…

Эти четверо – по числу сторон света, - так не похожи друг на друга, но есть нечто, что их роднит, а именно - сила характера и любовь к независимости.

София Бенедикт
ОН ВСЕГДА КО МНЕ ВОЗВРАЩАЕТСЯ
Сборник рассказов

София Бенедтикт относится к тем бесстрашным писателям, которые не боятся правды, для которых нет ничего важнее откровенности. Ее произведения всегда актуальны, как актуальны в любые времена любовь, ненависть, нежность, боль, благородство души, мужество...

Рассказы Софии Бенедикт с полным правом можно назвать маленькими романами - и не только по их насыщенности, но и по стилистическому строению - написаны они в лучших традициях жанра.

София Бенедикт
ДОКТОР, НАУЧИТЕ МЕНЯ ПЕТЬ
Психоаналитический дневник

Об этой книге выразительно скажут слова Ницше, взятые к ней эпиграфоом:

«Сколько истины может вынести дух, на какую степень истины он отважится? Это становилось для меня все больше и больше мерилом ценности. Заблуждение (вера в идеал) не слепота, заблуждение – трусость. Всякое достижение, всякий шаг вперед в познании вытекают из мужества, из жестокости по отношению к себе, из чистоплотности по отношению к себе».

Героине романа понадобилось немало мужества, чтобы пройти путь познания самой себя, именуемый психоанализом. Повествование, захватывающее, как детективный роман, ведется от первого лица. Пациентка обращается непосредственно к психоаналитику, и это похоже на исповедь, ведь речь идет о «грехах» - о чувстве вины и стыда, о тайных желаниях, о боли и страхе, о любви и ненависти... Постепенно читатель становится свидетелем радостных изменений, происходящих в героине романа. Шаг за шагом ей удается освобождаться от всего того, что мешало ей быть счастливой. Нет, она не становится другим человеком, она возвращается к себе, к себе такой, какая она есть....

В основу романа положен обширный документальный материал, что, наряду с художественными достоинствами книги делает ее незаменимым учебным пособием для студентов и всех тех, кто интересуется психоанализом.